А Б В Г Д
Е Ё Ж З И
Й К Л М Н
О П Р С Т
У Ф Х Ц Ч
Ш Щ ъ ы ь
Э Ю Я

БУКВАРЬ

Аа
Аа
Уу
ау
уа
Уа! Уа!

Ау! Ау!
ма
му
ам
ум
Мм
Ма-ма
Ма-му
Ам-ам!
Му-му! Му-у-у!

Лл
ла
лу
ал
ул
* * *
мал
ма-ла
А́л-ла ма-ла́.
Шш
ша
шу
аш
уш
шум, ша-лаш
шла
уш-ла
* * *
Шум у ша-лаша.
Ма́-ша уш-ла́.

Дд

да
ду
ад
уд

душ, ду-ша,
Да-ша

* * *

дал
да-ла́

ду-мал
ду́-ма-ла

* * *

Да-ша ду-ма-ла.

У А-да-ма да-ма.

ра
ру
а**р**
у**р**

ра-ма, да**р**,
у-да**р**, ш**р**ам, ша**р**.

* * *

рад уд-**р**а́л
ра́-да уд-**р**а-ла́

* * *

– Му**р**! Му**р**!

У-**р**а, ша**р**!

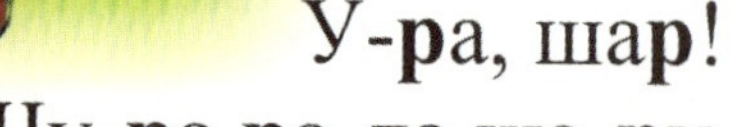

Шу-**ра** **ра**-да ша-**ру**.

ка	**кла́**-ла
ку	**ку**-ша-ла
ак	ла-**ка́**-ла
ук	**ук**-ра́-ла

Кук-ла, **ку**-ла**к**, ра**к**, му-**ка**,
дуд-**ка**, мар-**ка**, а-**ку**-ла, ра-**куш**-**ка**.

– **Кар**! **Кар**!
А **как** **ку**-**куш**-**ка**?
– **Ку**-**ку**! **Ку**-**ку**!

* * *

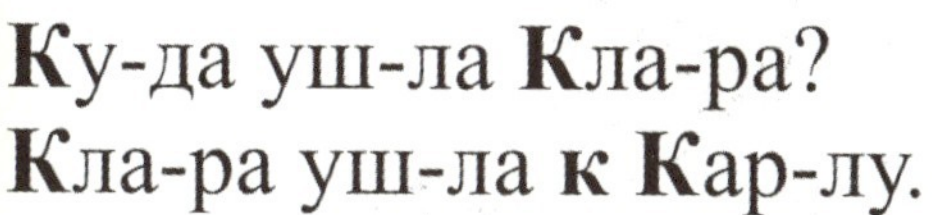

Ку-да уш-ла **Кла**-ра?
Кла-ра уш-ла **к** **Кар**-лу.

* * *

Ма-**кар** **ку**-шал **каш**-**ку**.
– **Как** **каш**-**ка**?

* * *

У Ма-**ка**-ра ру-**ка**.
А у ра-**ка**?

ко-ра, дом, шко-ла, лод-ка, у-рок,
у-кол, кор-муш-ка, ло-шад-ка, кар-тош-ка.

* * *

О-ко-ло

О-ко-ло до-ма.
О-ко-ло шко-лы.
Шко-ла **о-ко-ло** до-ма.

* * *

Кош-мар!
Ма-ма, ко-мар!

* * *

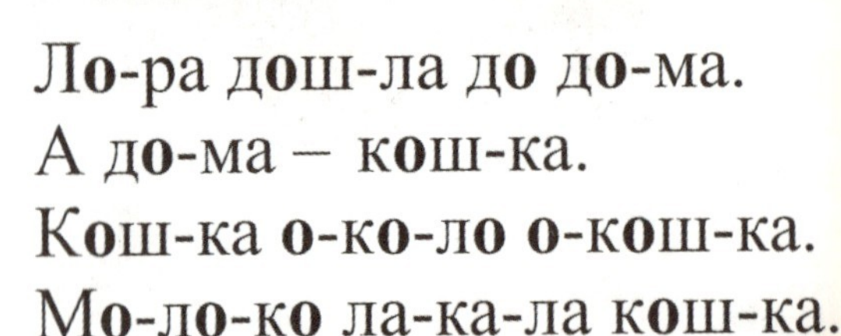

Ло-ра дош-ла до до-ма.
А до-ма – кош-ка.
Кош-ка **о-ко-ло** о-кош-ка.
Мо-ло-ко ла-ка-ла кош-ка.
Ма-ло мо-ло-ка.

Ыы

мы-ло, ша-**ры**, ма-**лыш**, ка-**мыш**, ко-ро-**тыш**-ка, **дым**, кр**ы**-ша, кр**ы**-ло.

* * *

мы м**ы**-ла р**ы**-ла

* * *

У ма-м**ы** ма-л**ы**ш. М**ы** ра-д**ы** ма-л**ы**-шу. Ма-ма м**ы**-ла ма-л**ы**-ша м**ы**-лом.

* * *

У Шу-р**ы** кош-ка. Кош-ка мур-л**ы**-ка-ла.

Шур-ша-ла м**ы**ш-ка. –К**ы**ш, м**ы**ш-ка!

са ас
су ус
со ос
сы ыс

сок, **с**ом, **с**о-ло-ма, **с**ум-ка,
о-**с**а, ро-**с**а, у-**с**ы, до**с**-ка,
му-**с**ор, **с**ка-кал-ка.

* * *

Са-ша **с**ло-мал **с**ук.
Сё-ма **с**ку-шал ка-шу.
Сла-ва у**с**-лы-шал шум.

са́м
са-ма́
са-му́
са-мо-му́

* * *

Са-ша **с**ам.
Со-ня **с**а-ма́.

* * *

У **С**а-ши ко-**с**а.
Ко-**с**а – кра-**с**а.

* * *

Са-ша у**с**-лы-ша-ла шум.
– Ма-ма, кры-**с**а! У кры-**с**ы ку-**с**ок **с**ы-ра.
Кры-**с**а **с**ку-ша-ла **с**ыр.

та ат
ту ут
то от
ты ыт

труд, там, торт, трус,
кра-со-та, ут-ро, ут-ка,
ту-ман, што-ра, шут-ка.

тут
там
Тут стул.
Там стол.

* * *

стал дос-тал
ус-тал от-стал

* * *

–Кто ты?
–Крот.

–А ты?
–Кот.

* * *

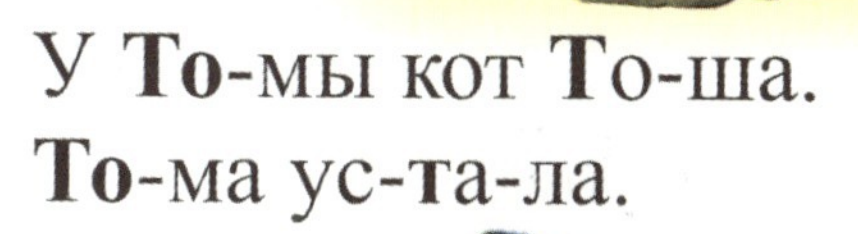

У То-мы кот То-ша.
То-ма ус-та-ла.

* * *

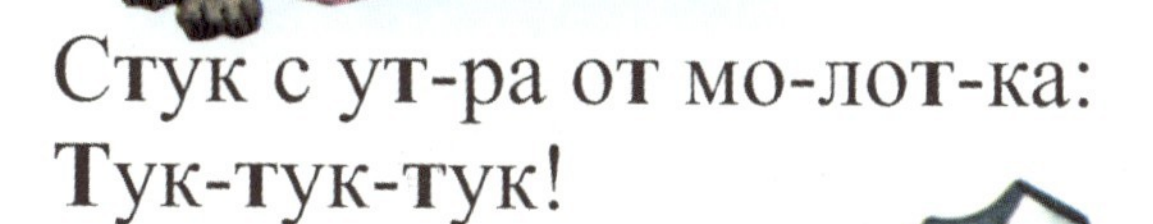

Стук с ут-ра от мо-лот-ка:
Тук-тук-тук!

* * *

Тра-та-та, тра-та-та,
Уш-ла мыш-ка от ко-та!

на **ан**
ну **ун**
но **он**
ны **ын**

нос, лу-**на**, сло**н**, кар-ма**н**,
ка-ра**н**-даш, шта-**ны**, ок-**но**, кло-у**н**.

* * *

о**н** **н**аш
о-**на** **на**-ша

* * *

Наш А**н**-то**н**
На-ша А**н**-**на**

* * *

У А**н**-**ны** кар-ма**н**.
У А**н**-**ны** ка-ра**н**-даш.
У А**н**-**ны** кло-у**н**.

* * *

Мы-шо-**н**ок
рыл **н**ор-ку.

О-**на** А**н**-**на**.
О**н** А**н**-то**н**.

У ма-мы сы**н** А**н**-то**н**.
А**н**-то**н** ус-тал. О**н** ус-**н**ул.

И и

Ин-на, **и**-рис, **иск**-ра, **и**-ду,
у-л**и**т-ка, ма-ш**и**-на, л**и**-мон,
кар-т**и**-на, кро-ко-д**и**л, м**и**ш-ка, л**и**-са, м**и**р.

* * *

У л**и**-сы ш**и**ш-к**и**.

* * *

сто-**ит** **си**-д**и**т

кор-м**и**т
смот-р**и**т

* * *

И-ра **и** **Ди**-ма.

О-н**и** ма-м**и**-ны ма-лы-ш**и**.
У **И**-ры м**и**ш-ка.
И-ра у-ро-н**и**-ла м**и**ш-ку.
У Д**и**-мы ра-д**и**-о.
Д**и**-ма **и** **И**-ра слу-ша-л**и** ра-д**и**-о.

ха **х**у **х**о **х**и

а**х** у**х** о**х** и**х** ы**х**

хор, **х**а-лат, у-**х**о, му-**х**а, са-**х**ар, шо-ро**х**, ста-ру-**х**а, стра**х**, .

* * *

О**х**!
А**х**!

ти-**х**о
су-**х**о
хму-ро
хо-ро-шо

У ста-ру-**х**и **х**а-та.

* * *

А**х**, как **х**о-рош наш Му**х**-тар!
Ха! **Х**а! **Х**а!
У Му**х**-та-ра над у-**х**ом му-**х**а!
Му-**х**а ма-**х**а-ла кры-лыш-ка-ми.

* * *

Слы́-шу шо́-ро**х**...
– Ти́-**х**о! Ти́-**х**о!
Хо́-дит ми́-мо нас сло-ни́-**х**а.

па а**п** **пи**
пу у**п** и**п**
по о**п**
пы ы**п**

пла-ток, **п**ол, **па**-**па**, **п**ол-ка,
лам-**па**, ду**п**-ло, та**п**-ки, ша**п**-ка.

* * *

С ут-ра **п**ас-мур-но и **п**ус-то.

* * *

Пи-ла **пи**-лит.
А ло-**па**-та?

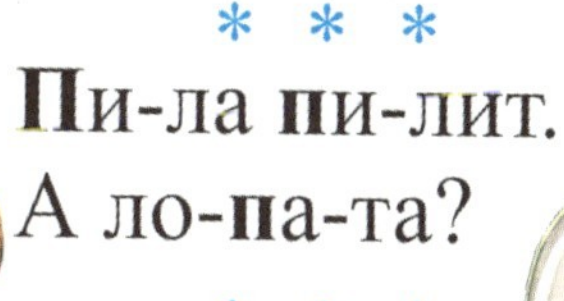

* * *

У **По**-ли-ны **па**-**па**.
У **па**-**пы** **па**п-ка.
У **Па**-ши **п**ал-ка.
По-ли-на с**па**-ла.
У **По**-ли-ны кук-ла.

* * *

Рос ук-ро**п**.
Рос-ла ка-**п**ус-та.

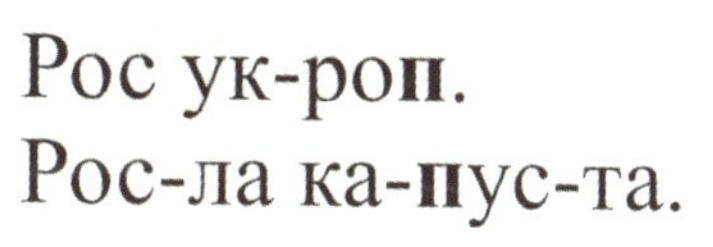

* * *

Хо-дит **по** **по**-лу **Про**-ко**п**:
То**п**-то**п**-то**п**!
А ла-дош-ка-ми:
Хло**п**-хло**п**-хло**п**!

е-да, е-нот, ел,
е-ли, ер-ши, е-хал,
лес, ре-ка, пе-сок,
ле-то, де-ти, о-реш-ки.

Как? Теп-ло.
Как? Тем-но.

* * *

Мет-ла

Ес-ли на-до, под-ме-ту.
При-не-си-те мне мет-лу!

Пе-ту-шок

Пе-ту-шок спел по-ут-ру:
– Ма-лыш, не спи!
Ку-ка-ре-ку!

* * *

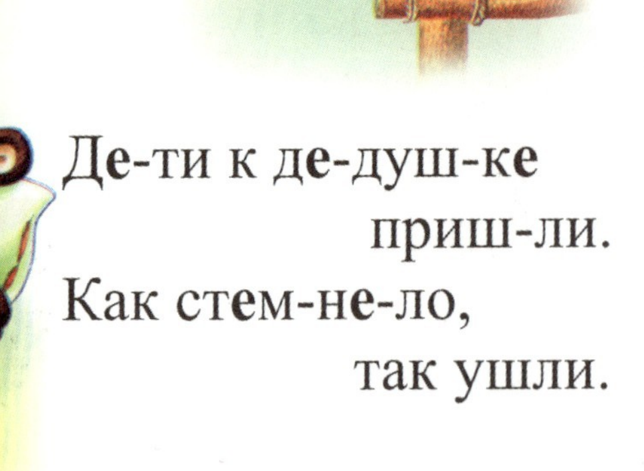

Де-ти к де-душ-ке
приш-ли.
Как стем-не-ло,
так ушли.

ба би
бу бе
бо
бы

бул-ка, ба-ран, ры-ба, не-бо,
со-ба-ка, об-ла-ко, ко-раб-лик.

* * *

был
бы-ло
бы-ла
бы-ли
был бы
ес-ли бы

По беск-рай-ним
о-ке-а-нам
Плыл ко-раб-лик
с ка-пи-та-ном.

Ба-буш-ка

К о-бе-ду ба-буш-ка
Ис-пек-ла о-ла-душ-ки.

* * *

Мы пош-ли бы на ба-лет,
Но у нас та-лан-та нет!

ва **в**у **в**о **в**ы

а**в** у**в** о**в** ы**в**

ви **в**е и**в** е**в**

вол, **в**олк, **в**о-да, **в**ед-ро, **в**ес-на,
тра-**в**а, дро-**в**а, бук-**в**а, ко-ро-**в**а, де-ре-**в**о

ваш
ва-ша
ва-ши
ва-шу

К**в**а-куш-ка

К**в**а-к**в**а-к**в**а – к**в**а-куш-ка.
Не рот, а ло-**в**уш-ка.
По-па-дут **в** ло-**в**уш-ку
И ко-мар, и муш-ка.

Само**в**ар

* * *

Вот и са-мо-**в**ар сто-ит,
А **в**нут-ри **в**о-да ки-пит.
Д**в**е ру-ки по бо-кам,
На но-су при-де-лан кран.

* * *

Ве-се-ло
Кра-си-**в**о

О-дин, д**в**а, три,
Не шу-ми, И-**в**ан, а спи!
Кто ус-нул – у-**в**и-дит сон.
Кто не спит – тот **в**ы-шел
вон!

ай ый
уй ий
ой ей
йо

йод, йог, лей-ка, май-ка,
са-рай, тай-на, во-ро-бей.

* * *

С па-пой, ма-мой и со мной
Наш Бар-бос спе-шит до-мой.
Он у нас та-кой
пос-луш-ный,
Доб-рый, лас-ко-вый,
смеш-ной.

Ка-кой?

* * *

Кто толс-тый
и лох-ма-тый
Со спин-кой
по-ло-са-той?

* * *

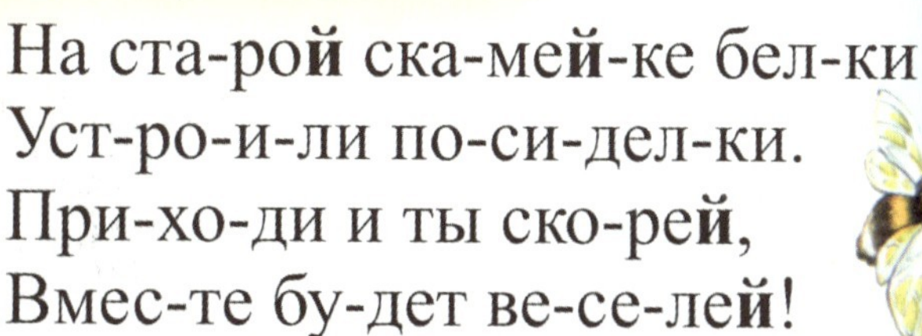

На ста-рой ска-мей-ке бел-ки
Уст-ро-и-ли по-си-дел-ки.
При-хо-ди и ты ско-рей,
Вмес-те бу-дет ве-се-лей!

га аг ги
гу уг ге
го ог иг
гы ыг ег

го-ра, гал-ка, год, го-лос,
го-род, го-рох, гру-ша, го-ло-ва.

* * *

Вы-ги-ба-ет спин-ку
кош-ка,
Ве-се-лей иг-рай,
гар-мош-ка!

* * *

Бе-ге-мот

Ог-ром-ный, толс-тый
бе-ге-мот
Пред-ла-га-ет всем
ком-пот.

ту-**г**о
ле**г**-ко
гром-ко
бо-**г**а-то

* * *

Гу-си **г**ром-ко **г**о-**г**о-та-ли,
Всех в ок-ру-**г**е рас-пу-**г**а-ли!

* * *

Крот с ло-пат-кой по-и**г**-рал –
О-**г**о-род пе-ре-ко-пал.

Но-со-рог

Но-со-ро**г**,
но-со-ро**г**,
На но-су
о**г**-ром-ный ро**г**.

за аз зи
зу уз зе
зо оз из
зы ыз ез

зу-бы, у-зор, кор-зин-ка,
о-зе-ро, ар-буз, ди-но-завр.

* * *

Тре-зор

О-зор-ной Тре-зор
иг-ра-ет,
За за-бо-ром звон-ко
лает.

* * *

Ро-зы

Ро-зы вы-рос-ли
в кор-зи-не
У За-ха-ра и
у Зи-ны.

* * *

Звон-ко
Мо-роз-но

* * *

В зо-о-пар-ке
доб-рый слон
Да-рит низ-кий
всем пок-лон.

* * *

За-гад-ка

Не ла-ет,
Не ку-са-ет,
А в дом не пус-ка-ет.

(за-мок)

* * *

Зи-ма

Пе-ре-да-ли нам прог-ноз:
Завт-ра бу-дет злой мо-роз.
За о-кош-ком снег, пур-га...
Здравст-вуй, зи-муш-ка-зи-ма!

жа а**ж** **же**
жу у**ж** е**ж**
жо о**ж**
жи и**ж**

жук, **жа**-ба, но**ж**, лу-**жа**, по-**жа**р,
пры-**жо**к, сто-ро**ж**, до-ро**ж**-ка

* * *

жал-ко у-**жа**с-но
жар-ко нем-но**ж**-ко

Жук

Ле-том так у-**жа**с-но **жа**р-ко!
Мне **жу**-ка нем-но**ж**-ко **жа**л-ко.
Жук ус-тал и не **жу**ж-**жи**т,
По-ле-**жи**т и зак-ру-**жи**т.

* * *

Ё-**жи**к дру-**жо**к,
Не хо-ди на бе-ре-**жо**к:
Там схо-дит сне-**жо**к,
За-ли-ва-ет лу-**жо**к.
На-мок-нут но**ж**-ки,
Крас-ные са-по**ж**-ки!

ле-**жу** ле-**жит**
си-**жу** си-дит
дру-**жу** дру-**жит**
хо-**жу** хо-дит
дро-**жу** дро-**жит**
бро-**жу** бро-дит
кру-**жу** кру-**жит**
ви-**жу** ви-дит

* * *

Дру-**жок** не прос-то так ле**жит**,
Он иг-руш-ки сто-ро-**жит**.

* * *

Как-то в до-мик из под-ва-ла
Мыш-ка ти-хо за-бе-**жа**-ла.
Кот Сне-**жок** в том до-ме **жил**,
Как **же** с мыш-кой он дру-**жил**!
Сы-ром у-гос-тил под-ру**ж**-ку,
Мо-ло-ка на-лил ей кру**ж**-ку,
Пред-ло-**жил** сво-и ей кни**ж**-ки.
Вот так дру**ж**-ные де-тиш-ки!

Мяг-кий знак

бук-варь, гусь, ка-ра-мель,
пись-мо, конь-ки, шмель.

* * *

Ах, ты, котик,
ша-лу-ниш-ка!
Но-ро-вишь
о-би-деть мыш-ку?
Ска-жем ко-ти-ку мы:
"Брысь!
С ма-лы-ша-ми
не де-рись!"

* * *

Бу-диль-ник

Бу-диль-ник мо-жет
мне ска-зать,
Ког-да мне лечь, ког-да
вста-вать.

Зай-ке се-ро-му
го-товь
Лист ка-пуст-ный
и мор-ковь!

* * *

Ес-ли крас-ки есть
и кисть,
Ри-со-вать ты
не ле-нись!

* * *

Сто-ит сол-ныш-ку
приг-реть,
Как да-вай мед-ведь
ре-веть!

ё-жик, **ё**л-ка, **ё**рш, са-мо-л**ё**т,
ме-т**ё**л-ка, по-ро-с**ё**-нок, пе-н**ё**к.

* * *

Стре-ко-за ле-тит в по-л**ё**т,
Слов-но быст-рый вер-то-л**ё**т.

* * *

У каж-дой ма-мы есть реб**ё**нок:
У сло-ни-хи – сло-н**ё**-нок,
У кен-гу-ру – кен-гу-р**ё**-нок,
У кош-ки – ко-т**ё**-нок.

Мы с Пуш-ком мо-им вдво-**ё**м
Друж-но, ве-се-ло жи-в**ё**м.

* * *

За гри-ба-ми мы пой-д**ё**м,
Под-бе-р**ё**-зо-вик най-д**ё**м.

* * *

по-**ё**т
ре-в**ё**т
жи-в**ё**т
пой-д**ё**т
най-д**ё**т

* * *

Миш-ка ко-со-ла-пый
В глу-хом ле-су жи-в**ё**т.
Он со-би-ра-ет шиш-ки
И о-бо-жа-ет м**ё**д.

я-ма, **яб**-ло-ко, м**я**-та, ба-**ян**,
ма-**як**, тё-т**я**, л**я**-гуш-ка.

* * *

Я
ка-ка-**я**?

доб-ра-**я**
ве-сё-ла-**я**
кра-си-ва-**я**
ма-лень-ка-**я**

* * *

Мой ко-тё-нок на-иг-рал-с**я**.
О-чень он про-го-ло-дал-с**я**.
На ме-н**я** взгл**я**-нул лу-ка-во,
За-м**я**-у-кал: "М**я**-у! М**я**-у!"

М**я**-у!
М**я**-у!
М**я**-у!

* * *

Дя-тел

Всем де-ревь-**я**м он
при-**я**-тель,
Лес-ной док-тор –
доб-рый д**я**-тел.

* * *

Кр**я**!
Кр**я**!
Кр**я**!

Я д**я**-тел.

Мы у-т**я**-та.

Я л**я**-гуш-ка.

* * *

Кр**я**-ка-ли у-т**я**-та:
"Кр**я**-кр**я**-кр**я**!"
Л**я**-гу-ша-та ква-ка-ли:
"Ква-ква-ква!"

ча а**ч** **ч**е ю**ч**
чу у**ч** **ч**ё
чо о**ч** е**ч**
чи и**ч** я**ч**

чай, **ч**аш-ка, **ч**а-сы, зна-**ч**ок,
у-**ч**еб-ник, п**ч**е-ла, о**ч**-ки, мя**ч**.

Хо-мя-**ч**ок

Ко-лос-ки в ку-ла-**ч**ок
Соб-рал хо-мя-**ч**ок.

* * *

вра**ч**	пе**ч**ь
гра**ч**	но**ч**ь
пла**ч**	до**ч**ь
кир-пи**ч**	ре**ч**ь

Чай-ник

Я пых-**ч**у, пых-**ч**у, пых-**ч**у,
Боль-ше греть-ся не хо-**ч**у.
Крыш-ка гром-ко за-зве-не-ла:
– Пей-те **ч**ай, во-да вски-пе-ла!

а**ч**	ать
о**ч**	оть
у**ч**	уть

чей

чья

чьё

чьи

* * *

Две ба-бу-ле**ч**-ки
в пла-то**ч**-ках
Вя-жут вну-**ч**е-кам но-со**ч**-ки.

* * *

Че-ре-паш-ка

Ма-ма **ч**е-ре-паш-ка
На-ва-ри-ла каш-ки,
Раз-ло-жи-ла в **ч**аш-ки:
– Ешь-те, **ч**е-ре-паш-ки!

Юю

ю-ла, **юг**, **юб**-ка, вь**ю**н, кл**юв**,
у-т**юг**, кл**юк**-ва, бр**ю**-ки, са-л**ют**,
верб-л**юд**.

* * *

Ю-ра
Ю-ля
Ка-т**ю**-ша
И-ль**ю**-ша
Кс**ю**-ша

* * *

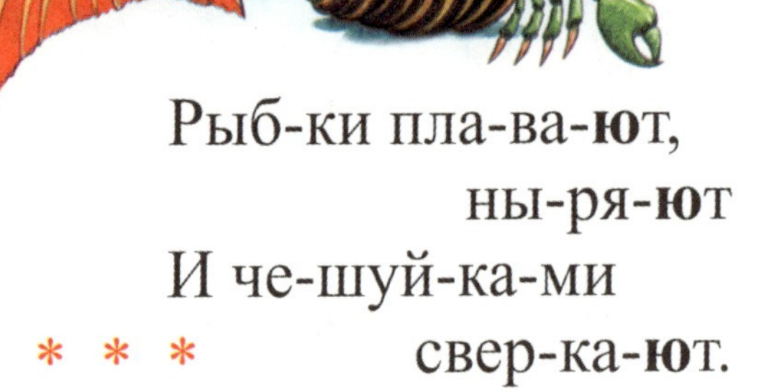

Рыб-ки пла-ва-**ют**,
ны-ря-**ют**
И че-шуй-ка-ми
свер-ка-**ют**.

* * *

Ин-дюк

Не спе-ша и-дёт ин-д**юк**.
Кл**юв** е-го по-хож на кр**юк**.

Ба-**ю**
ба-**ю**ш-ки
ба-**ю**

Ба-**ю**–ба-**ю**ш-ки–ба-**ю**!
Ба-**ю** **Ю**-лень-ку мо-**ю**.
Я с ней ря-дом пос-то-**ю**,
Я ей пе-сен-ку спо-**ю**:
Ай, лю-ли–л**ю**-лень-ки,
При-ле-те-ли гу-лень-ки.
Гу-ли, гу-л**ю**ш-ки,
Се-ли к л**ю**-л**ю**ш-ке
О-ни ста-ли вор-ко-вать,
Мо-**ю** **Ю**-лень-ку ка-чать.

* * *

У-тюг

Гла-жу всё, че-го ка-са-**ю**сь,
А дот-ро-нешь-ся – ку-са-**ю**сь.

ща
щу
щи
ще
щё

щу-ка, **щёт**-ка, **щи**,
о-во-**щи**, ро-**ща**, ве**щь**,
я-**щик**, **ще**-нок, бор**щ**.

* * *

Зай-чик

Зай-чик ска-чет, зай-чик пля-шет,
Зай-чик па-лоч-ка-ми ма-шет...
Он не трус и не об-ман-**щик**,
А ве-сё-лый ба-ра-бан-**щик**.

* * *

ве**щь**	бор**щ**
по-мо**щь**	о-во**щ**

Рак

Рак гла-за сво-и та-ра-**щит**
И игол-ку с нит-кой та-**щит**.
Мо-жет, бу-дет шить ру-баш-ку,
Пу-че-гла-зый рак-порт-няж-ка!

Мой лох-ма-тый друг **ще**-нок
Не прос-то вер-тит-ся у ног.
То ры-чит, то звон-ко ла-ет...
Он ме-ня так за-**щи**-**ща**-ет!

* * *

Волк

В лес-ной ча-**що**-бе ры-**щет** волк
И зу-ба-ми **щёлк** да **щёлк**!
Ры**щет** там и ры-**щет** тут.
Се-рым все его зо-вут.

* * *

Гу-си хо-дят
по дво-ру,
Щип-лют листь-я
и тра-ву.

* * *

ры-**щ**ет
пи-**щ**ит
щип-лет

фа **фи**
фу **фе**
фо **фё**
фы

флаг, **фо**-на-рик, **фо**-кус,
са-ра-**фан**, кон-**фе**-та, све-то-**фор**

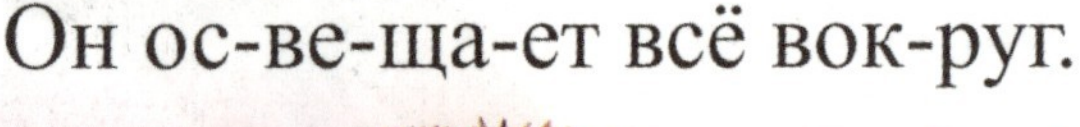

Фи-лин с **фо**-на-рём
Для ноч-ле-га и-щет дом.
Фо-нарь – е-го на-дёж-ный друг –
Он ос-ве-ща-ет всё вок-руг.

Жи-ра**ф**

Гу-ля-ет в А**ф**-ри-ке
жи-ра**ф**.
Он о-чень важ-ный,
слов-но гра**ф**!

Ешь по-лез-ные про-дук-ты!
Ры-бу ешь! Оре-хи, **ф**рук-ты!
Ты же бе-га-ешь в бу-**ф**ет,
Что-бы там ку-пить кон-**ф**ет!

* * *

У Ан-**ф**и-сы пол-ный шка**ф**:
Ту**ф**-ли, ко**ф**-ты, тёп-лый шар**ф**!

* * *

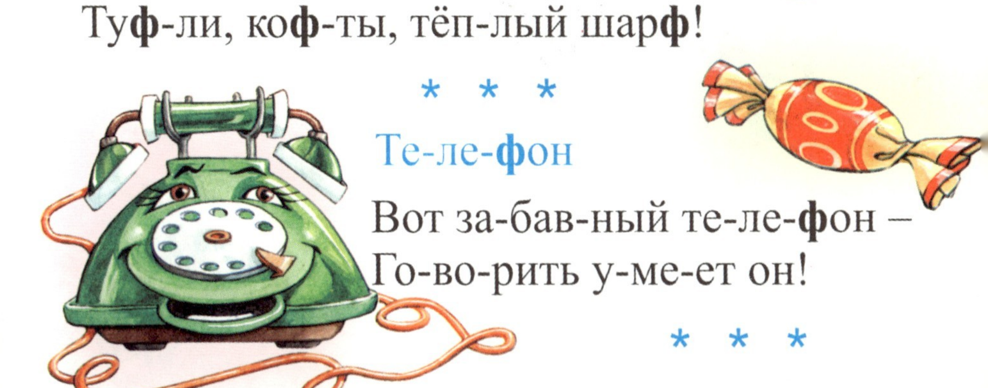

Те-ле-**ф**он

Вот за-бав-ный те-ле-**ф**он –
Го-во-рить у-ме-ет он!

* * *

эс-ки-мо, э-хо, э-ки-паж, э-таж
экс-кур-си-я, а-э-ро-порт, ду-эт.

* * *

Эс-ки-мо бы-ва-ет раз-ным:
Шо-ко-лад-ным, крем–брю-ле,
Бе-лым, жёл-тым и-ли крас-ным,
Но всег-да на бук-ву "Э".

* * *

Стра-ус Э-му

Стра-ус Э-му –
ка-пи-тан.
При-ле-тел из
даль-них стран.

* * *

Э-то что?

Я весь день ве-се-люсь,
На од-ной но-ге вер-чусь!
(ю-ла)

Это кто?

По луж-ку он важ-но бро-дит,
Из во-ды су-хим вы-хо-дит,
Но-сит крас-ные бо-тин-ки.
Да-рит мяг-ки-е пе-рин-ки.

(гусь)

* * *

А это кто?

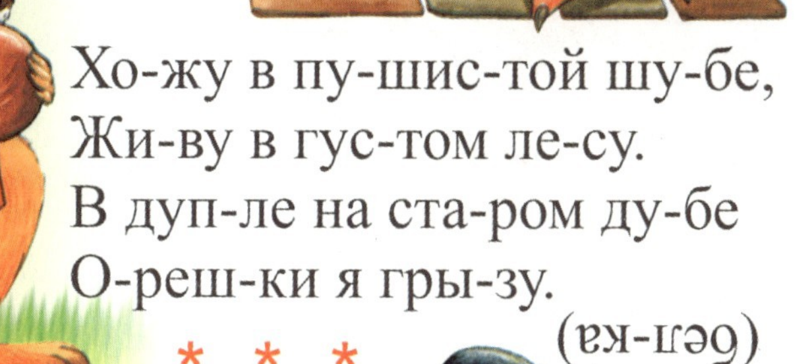

Хо-жу в пу-шис-той шу-бе,
Жи-ву в гус-том ле-су.
В дуп-ле на ста-ром ду-бе
О-реш-ки я гры-зу.

(бел-ка)

* * *

А это?

Крас-но-гру-дый,
чер-но-кры-лый,
Лю-бит зёр-ныш-ки кле-вать,
С пер-вым сне-гом на ря-би-не
Он по-я-вит-ся о-пять.

(сне-гирь)

ца **ци**
цу **це**
цо
цы

храб-ре**ц**, гу-се-ни-**ца**, яй-**цо**,
солн-**це**, дво-ре**ц**, лест-ни-**ца**.

* * *

Строй-ный конь
ко-пы-том бьёт –
Сно-ва в **ц**ирк
ме-ня зо-вёт!

* * *

ец ко-не**ц**
иц шпри**ц**
яц ме-ся**ц**
ац мат-ра**ц**

* * *

– Кто ты бу-дешь, мо-ло-де**ц**?
– Я зе-лё-ный о-гу-ре**ц**!
Це-лый день ле-жу
на гряд-ке,
С солн-**цем** я иг-ра-ю
в прят-ки.

– Кар-кар-кар! –
кри-ча-ла пти-**ца**.
– Быть хо-чу лес-ной
ца-ри-цей!
Нет ни **ц**арст-ва, ни ко-ро-ны...
Всё про-кар-ка-ла во-ро-на!

Ли-си-**ца**

Э-та хит-ра-я
ли-си-**ца**
Всем лес-ным
друзь-ям сест-ри-**ца**.

Лев и львё-нок

У-чит львён-ка лев-оте**ц**:
– **Ц**арь зве-рей –
всег-да храб-ре**ц**!

Твёр-дый знак

в**ъ**езд, об**ъ**-езд, раз**ъ**-езд,
под**ъ**-ём, с**ъ**ём-ка, под**ъ**-езд, об**ъ**-яв-ле-ни-е.

* * *

Объ-яс-ни-те, твёр-дый знак
В ал-фа-ви-те прос-то так?

* * *

Твёр-дый знак сто-ит сте-ной
Меж-ду глас-ной и сог-лас-ной.

* * *

С э-тим зна-ком
пи-шут "с**ъ**ел",
Чтоб не пу-тать
сло-во "сел",
Съел кар-тош-ку,
с**ъ**ел пи-рог,
Сел на стул
и на по-рог.

* * *

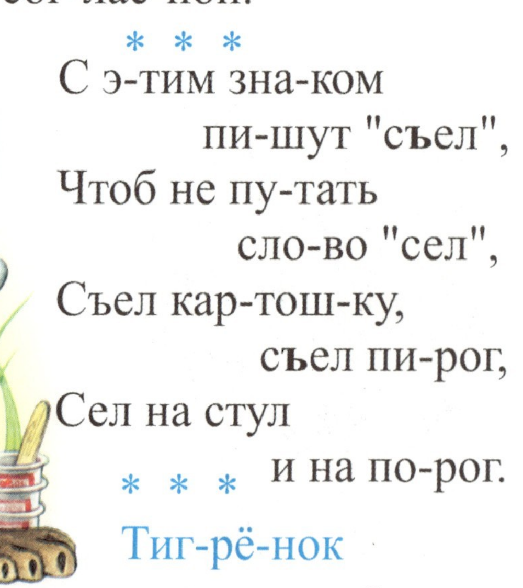

Тиг-рё-нок

Наш тиг-рё-нок за-бо-лел:
Всё мо-ро-же-но-е с**ъ**ел.
С**ъ**ел бы по-ло-ви-ну,
Не бы-ло б ан-ги-ны.

Объявление
По-ку-па-ют,
про-да-ют –
Объ-яв-ле-ние да-ют.

Серия "Завтра в школу"
В 80-ти тт. Т.3
Для дошкольного и младшего школьного возраста

Художники: Е.К. Леднёва, Е. Целуева, О. Ковалёва

Подписано в печать 21.04.08 г. Формат $60 \times 84\,^{1}/_{16}$.
Тираж 15 000 экз. Заказ № 1789.

ISBN 978-5-91282-020-5

Тел. (8-1037529)-710-01-39
E-mail: slovo@vtb.by www.slovo-vtb.by.ru

Отпечатано в ОАО ордена «Знак Почета»
«Смоленская областная типография им. В.И. Смирнова».
214000, г. Смоленск. проспект им. Ю. Гагарина, 2.